ACTIVITÉS ET JEUX

ACTIVITÉS ET JEUX

hachette
JEUNESSE

SOMMAIRE

BIENVENUE DANS LES SKYLANDS!

Le guide officiel d'Hugo du monde entre les mondes

Des îles infinies

Le royaume des Skylands est l'endroit le plus merveilleux de toute la création, un monde infini, magnifique et mystérieux. Tu ne peux le trouver sur aucune carte, mais si tu sais utiliser ton Portail magique, tu n'en auras pas besoin !

Les Maîtres du Portail

Depuis des siècles, les Maîtres du Portail protègent les Skylands des attaques. Ils sont seuls à pouvoir utiliser les Portails magiques pour voyager d'île en île et même vers d'autres dimensions.

Eon fut le dernier grand Maître du Portail. Il est connu pour avoir avoir été vaincu par le démoniaque Maître du Portail Kaos, mais il survécut et devint un vieil esprit sage. Désormais, il entraîne une nouvelle génération de Maîtres du Portail, dont toi, de fait.

LE MONDE ENTRE LES MONDES

Des Skylands, tu peux sauter vers n'importe quel point de l'univers connu, et vers certains points de l'univers inconnu. C'est pourquoi les Skylands doivent toujours se défendre contre les forces du Mal. Si des agents du démon triomphaient des Skylands, ils pourraient se rendre partout dans l'univers, et même sur la Terre !

Un nombre infini d'îles flotte dans une immense mer de ciel bleu profond et de nuages mouvants. Certaines îles sont calmes et en paix, quand d'autres sont violentes et à l'état sauvage, mais toutes sont des tremplins vers l'aventure !

Les Skylanders

Les Skylanders sont une équipe de héros courageux venant de tous les mondes, qui ont été rassemblés par le Maître du Portail pour protéger les Skylands et défendre le Cœur de Lumière. Ils ont chacun leurs propres talents, leurs propres pouvoirs, dans un seul élément : le Feu, l'Eau, la Terre, l'Air, la Vie, la Magie, la Technologie, la Mort et les gâteaux (le dernier est une blague bien sûr !).

Les Ténèbres

Il y a beaucoup de choses effrayantes dans les Skylands. Les Zombies par exemple. Et les Fantômes. Il y a également les Dragons, les Vampires, les Monstres des marais et les Moutons. Mais rien ne me crée plus d'insomnies que les Ténèbres. C'est la source de tous les démons. Si Kaos prenait ce chemin tortueux, les Ténèbres se rependraient partout dans les Skylands puis dans l'univers. Ça donne la chair de poule.

Le Cœur de Lumière

Par chance, le Cœur de Lumière tient les Ténèbres à distance. Aussi longtemps que brillera ce totem, nous serons en sécurité. C'est pourquoi ce sournois Kaos passe autant de temps à essayer de le détruire.

ROBBIES POURRISSANTS

Malheureusement pour certains, 13 robots pourrissants se sont échappés de leur tombe et errent dans ton livre. Trouve-les et note ici les pages sur lesquelles tu les vois.

KAOS!

RECHERCHÉ POUR :
Avoir essayé de détruire le Cœur de Lumière et avoir répandu les Ténèbres sur l'univers entier. Oh ! Et aussi pour être un insupportable méchant.

CARACTÉRISTIQUES NOTABLES
- sale tête
- visage tatoué
- courtes jambes poilues
- voix nasillarde
- sent le chou rassis *

CE QU'IL AIME
- En général, être un démon
- Les choses tordues
- Les boîtes de jus de démon

CE QU'IL N'AIME PAS
- Eon
- les Skylanders
- les arbres

CE QU'IL AIME DIRE :
Satanés Skylanders ! Préparez-vous à votre perte ! Mwahahahahah !

CE QU'IL DIT MOINS :
Pourquoi ne serions-nous pas tous amis ?

COMPLICES CONNUS :
Glumshanks, son patient et fidèle majordome

NIVEAU DE DANGER :
Très élevé ! Ne te laisse pas prendre par son air commun. Ce ñchu freliquet est un maître magicien et un puissant Maître du Portail.

* En fait, ce n'est pas correct de parler de chou rassis. Kaos sent une odeur bien pire encore !

7

QUEL ÉLÉMENT ES-TU ?

LE CŒUR DE LUMIÈRE PROVIENT DE HUIT ÉLÉMENTS. CES MÊMES ÉLÉMENTS DONNENT AUJOURD'HUI LEURS POUVOIRS AUX SKYLANDERS. RÉPONDS À CES QUESTIONS TRÈS PERSONNELLES POUR DÉCOUVRIR QUEL ÉLÉMENT TU SERAIS.

Es-tu calme ou excité ?

TRÈS BRUYANT !

Aimes-tu les tartes ?

NON

LE TYPE SILENCIEUX LE PLUS FORT

DUR

ACTION

OUI

JOUER SUR LE SABLE

DÉPART
Quel mot te décrit le mieux ?

COURAGEUX

Quelle sorte de films aimes-tu ?

DRÔLES

Qu'aimes-tu faire sur la plage ?

NAGER DANS LA MER

MALIN

LITTÉRATURE

EFFRAYANTS

NON

SAUTER DANS LES FLAQUES

Laquelle de ces matières préfères-tu étudier ?

SCIENCE

Aimes-tu jouer des tours aux autres ?

YES, HEE HEE!

NON

8

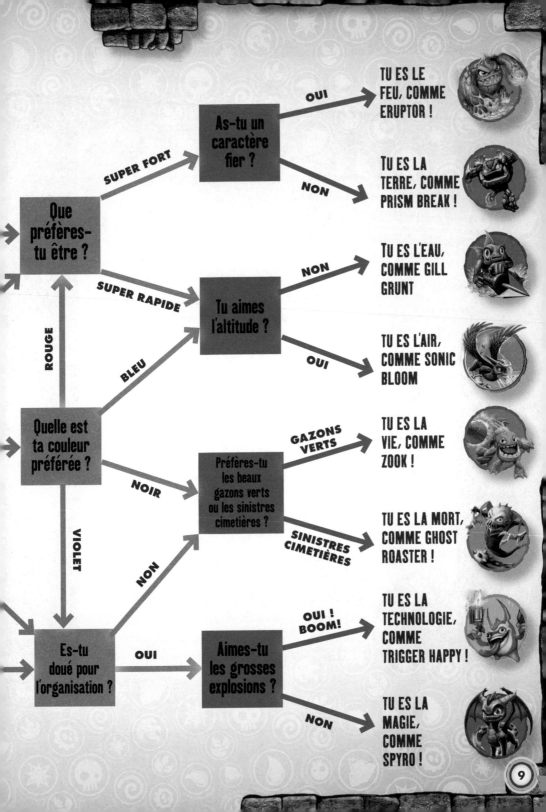

Que préfères-tu être ?

SUPER FORT → As-tu un caractère fier ?

OUI → TU ES LE FEU, COMME ERUPTOR !

NON → TU ES LA TERRE, COMME PRISM BREAK !

SUPER RAPIDE → Tu aimes l'altitude ?

NON → TU ES L'EAU, COMME GILL GRUNT

OUI → TU ES L'AIR, COMME SONIC BLOOM

Quelle est ta couleur préférée ?

ROUGE

BLEU

NOIR → Préfères-tu les beaux gazons verts ou les sinistres cimetières ?

GAZONS VERTS → TU ES LA VIE, COMME ZOOK !

SINISTRES CIMETIÈRES → TU ES LA MORT, COMME GHOST ROASTER !

VIOLET

Es-tu doué pour l'organisation ?

NON

OUI → Aimes-tu les grosses explosions ?

OUI ! BOOM! → TU ES LA TECHNOLOGIE, COMME TRIGGER HAPPY !

NON → TU ES LA MAGIE, COMME SPYRO !

Cri glaçant

«Maintenant, c'est ma mission, gronda Eruptor, quand Eon chargea le Portail magique.

Soleil brûlant et sable chaud : c'est parfait !

- Je préfère un paisible vallon arboré, dit Stealth Elf, tout en sautant sur deux libellules qu'elle poignarda avant de les mettre dans sa ceinture.

- Je me fiche de l'endroit où nous allons, ajouta Spyro, tant qu'il y a des aventures à mener. »

Une colonne de lumière s'échappa du Portail. Eon se tourna vers les Skylanders.

« Souvenez-vous. Ce ne sont pas des vacances. Nous ne savons pas quels dangers peuvent vous attendre sur la plage de Blistering.

Spyro fronça les sourcils : la plage de Blistering était la destination de vacances favorite de tout le monde. Les gens affluaient de tous les Skylands pour venir se relaxer sur ses plages dorées et nager dans ses eaux cristallines. C'était l'un des lieux les plus paisibles de l'univers, mais d'inquiétantes rumeurs étaient parvenues aux oreilles d'Eon.

Spyro regarda Eruptor et Stealth Elf plonger dans le Portail et disparaître. Il n'y avait qu'une seule façon de découvrir la vérité.

« Soleil brûlant et sable chaud, hein ? » Stealth Elf était en train de parler quand Spyro sortit du Portail. Brrrr. On grelottait. Impossible. Il sentait la neige sous ses pieds. La plage entière était recouverte d'un tapis blanc.

« Les Skylanders ! Dieu soit loué, vous êtes là ! »

Un Mabu grelottant portant un maillot de

bain et une longue écharpe en laine marchait péniblement dans la neige dans leur direction.

La neige était si épaisse que ses maigres jambes s'enfonçaient complètement à chaque pas.

« Je m'appelle Sandyfuzz, dit-il, sa fourrure devenant presque bleue à cause du froid. Nous avons désespérément besoin de votre aide.

- Que se passe-t-il ? demanda Eruptor, son souffle chaud fumant dans l'air glacé.

Je croyais que l'hiver n'arrivait jamais jusqu'à la plage de Blistering.

- C'était le cas, dit Sandyfuzz, jusqu'à ce que cette chose arrive.

Le Mabu pointa du doigt une énorme créature allongée au milieu des dunes enneigées.

« Qu'est-ce que c'est ? » dit Stealth. Le monstre avait le corps d'un énorme serpent et la tête d'une poule géante. Elle n'avait jamais rien vu de pareil. Spyro fronça les sourcils avant de répondre :

« Un basilic de glace : c'est l'une des créatures les plus féroces de l'univers.

- Il n'a pas l'air très féroce, fit remarquer Eruptor. Il semble presque endormi. En effet, le corps du basilic était roulé en boule, son bec posé d'un côté.

- C'est pourtant lui qui a causé ce chaos, assura Sandyfuzz. Il dort tout le temps, mais sa présence a fait chuter la température.

- Ce qui explique la neige… l'interrompit Stealth Elf.

- Avez-vous essayé de le réveiller ? demanda Eruptor.

- Bien sûr, mais dès qu'il ouvre un œil, quiconque le regarde est transformé en glace. Sandyfuzz montra de magnifiques blocs de glace éparpillés sur la plage, face au basilic. Spyro les regarda de plus près : chacun d'eux renfermait un Mabu pétrifié.

- Il doit bien y avoir un moyen de se débarrasser de lui, dit Stealth Elf. Spyro aquiesca.

- Il n'y a qu'une solution : un basilic ne peut être tué qu'en se regardant dans une glace. Il nous faut un miroir.

- Sacrebleu ! rugit Eruptor en se mettant en action et en évitant le monstre endormi. Ce qu'il nous faut, c'est une éruption de lave. Presque au même moment, des gouttes de magma brûlant tombèrent sur ses mains. Oui ! Faisons grossir ce tas ! »

Eruptor retira ses mains, prêt à laisser tomber une salve de feu volcanique, quand le basilic se mit à bouger lentement, et ouvrit l'un de ses yeux. Un rayon de lumière bleue fut tiré, qui toucha Eruptor à la poitrine, l'enfermant instantanément dans un bloc de glace. Le monstre rugit de fureur.

« J'ai une idée, hurla Stealth Elf. Amenons-lui des tas de choses à regarder. Elle partit alors en courant.

- Que fait-elle ? balbutia Sandyfuzz. Spyro sourit et regarda son amie. Tu verras, dit-il. Stealth Elf s'était mise à courir partout sur la plage, zigzagant de-ci de-là. À chaque fois qu'elle changeait de position, une copie d'elle-même apparaissait à cet endroit.

- Il y a des dizaines de Stealth Elf ! s'exclama Sandyfuzz. Une armée de clones de Stealth Elf se tenait maintenant sur la plage gelée, tous restant parfaitement droits.

- Elle peut créer de parfaits sosies d'elle-même, expliqua Spyro. Ce sont des leurres. Ses ennemis ne savent jamais lequel est la véritable Stealth Elf. De plus en plus de clones apparaissaient. Le basilic se cabra et ses yeux lancèrent leur lumière pétrifiante : un à un, les clones furent changés en glace.

- Tu vois, hurla Spyro par-dessus son épaule, tout en courant vers le bloc contenant Eruptor, il ne sait pas lequel pétrifier en premier. »

Spyro baissa la tête et vint défoncer l'arrière du bloc d'Eruptor avec ses cornes. Le petit dragon poussa de toutes ses forces le bloc vers le monstre. Le basilic regarda le bloc de glace, ne comprenant pas comment il pouvait bouger seul. Ses yeux s'agrandirent quand il vit son propre reflet dans la glace. Alors, dans un hurlement, il explosa en une multitude de flocons de neige. Tout autour, la neige fondit pour laisser place au sable chaud, pendant que les prisons de glace disparaissaient une à une.

« C'est mieux comme ça, constata Eruptor joyeusement, profitant maintenant de la chaleur du soleil sur sa peau rugueuse.

- Tu m'étonnes, dit Sandyfuzz, en quittant sa lourde écharpe tout en courant vers le Skylander. Il brandissait trois sucettes glacées. Accepte-les en signe de notre gratitude.

Eruptor fronça les sourcils, gonfla ses joues et fit fondre les 3 sucettes dans un souffle brûlant venant de ses poumons.

- Ne t'excite pas, dit-il en souriant. Nous avons eu assez de glace pour la journée ! »

FIN

VOICI LES DRAGONS!

Bienvenue chez les plus grands cracheurs de feu des Skylands !

SPYRO

ORIGINES : Spyro est issu d'une longue lignée de dragons légendaires. Les différents Maîtres du Portail l'avaient remarqué et avaient relaté ses nombreuses aventures. Eon invita finalement ce jeune héros au grand cœur à rejoindre les Skylands.

PERSONNALITÉ : impulsif et obstiné, Spyro a d'abord lutté férocement pour travailler en équipe. Il est maintenant le plus grand leader que les Skylands aient connu.

CAPACITÉS SPÉCIALES : Spyro peut souffler des boules de feu et personne n'aimerait en être la cible. Ses cornes sont plus dures que le diamant.

LE SAVAIS-TU ? Si tu veux savoir quoi que ce soit sur les Skylands, c'est à Spyro qu'il faut le demander. Il a une connaissance encyclopédique de toutes ces îles.

DROBOT

ORIGINES : Drobot est né dans les régions les plus hautes des Skylands, mais n'a jamais bien volé. Pendant que ses frères dragons s'affrontaient dans des combats aériens, il préférait bricoler. Au cours de l'exploration d'une île avoisinante, Drobot découvrit une mine d'objets Arkeyans et se mit alors à bâtir une armure de combat.

PERSONNALITÉ : Drobot ne répugne jamais au combat. Il n'a d'ailleurs pas attendu d'y être invité pour devenir un Skylander. Il s'est mis en quête d'Eon, et lui a proposé ses services !

CAPACITÉS SPÉCIALES : observe les yeux de Drobot : ils projettent des rayons laser mortels ! Et en cas de résistance, ses roues crantées en uranium finissent le travail.

LE SAVAIS-TU ? Drobot se détend en jouant aux échecs… contre lui-même !

WHIRLWIND

ORIGINES : descendante d'une licorne et d'un dragon, Whirlwind n'était acceptée ni par les uns ni par les autres jusqu'au jour où elle fit fuir une armée de Trolls en quête de queues de licornes et d'écailles de dragons. Les Trolls ne comprirent pas d'où venait l'attaque !

PERSONNALITÉ : aussi courageuse que gracieuse, Whirlwind est d'humeur changeante. Mais depuis qu'elle a intégré les Skylanders, elle tente de mettre son tempérament en sommeil.

CAPACITÉS SPÉCIALES : ses cornes projettent des rafales de feu multicolores et ses ailes envoient des nuages de tempête lumineux.

LE SAVAIS-TU ? Whirlwind utilise l'énergie de l'arc-en-ciel pour guérir ses amis pendant les combats.

ZAP

ORIGINES : issu d'une famille royale de dragons d'eau, le jeune prince fut un jour pris dans une énorme tempête. Seul et perdu, Zap fut recueilli par un essaim d'anguilles.

PERSONNALITÉ : Zap excèle dès qu'il bouge ses pattes, mais il a un côté très espiègle.

CAPACITÉS SPÉCIALES : enfant, Zap créa un harnais spécial en or imitant le pouvoir électrisant de ses parents adoptifs. Il l'utilise pour électrocuter ses ennemis, même à grande distance.

LE SAVAIS-TU ? Zap entretient une querelle de longue date avec les dauphins. Ils sont régulièrement électrocutés par ses charges, même si c'est toujours accidentel. Les dauphins n'en sont pas convaincus.

CYNDER

ORIGINES : avant qu'elle ait même éclos, Cynder fut volée par les hommes du roi dragon Malefor. Élevée pour répondre à ses ordres cruels, elle propagea la terreur jusqu'à sa défaite contre Spyro. Quand il fit preuve de clémence envers elle, Cynder réalisa qu'il existait d'autres voies que le Mal.

PERSONNALITÉ : Cynder lutte perpétuellement contre son sombre passé et peut occasionnellement devenir menaçante. Mais elle apprend… lentement.

CAPACITÉS SPÉCIALES : ses éclairs spectraux sont terrifiants, mais pas autant que sa capacité à invoquer les fantômes.

LE SAVAIS-TU ? Malefor aurait été chassé par Hex, la sorcière.

CAMO

ORIGINES : né dans les racines de l'Arbre de Vie, Camo est mi-dragon mi-plante. Une force de vie pure surgit de ses écailles, ce qui signifie qu'il peut faire grandir les plantes à une vitesse incroyable.

PERSONNALITÉ : un vrai farceur. L'un de ses tours favoris est de créer des fruits et légumes qui explosent à tout contact !

CAPACITÉS SPÉCIALES : Camo est très chaud. Il peut souffler des boules de feu sous forme de petits soleils.

LE SAIS-TU ? Quand il ne protège pas les Skylands, Camo s'occupe du jardin d'Eon.

SUNBURN

ORIGINES : trouvé au cœur d'un volcan en éruption, Sunburn est l'un des rares dragon-phénix. Il fut donc rapidement la cible d'incalculables chasseurs de primes et sorciers, jusqu'à ce qu'Eon le prenne sous sa protection.

PERSONNALITÉ : comme tous les dragons, Sunburn est un peu farceur mais il hait vigoureusement le Mal.

CAPACITÉS SPÉCIALES : Sunburn est unique parmi les Skylanders, car il peut se téléporter d'un endroit à un autre dans un torrent de flammes.

LE SAVAIS-TU ? Les plumes de Sunburn sont si chaudes que tu pourrais faire cuire un œuf dedans !

POURRAIS-TU ÊTRE UN
SKYLANDER?

AS-TU CE QU'IL FAUT POUR DEVENIR UN SKYLANDER OU, COMME HUGO, PRÉFÉRERAIS-TU LAISSER LES EXPLOITS AUX AUTRES ? DÉCOUVRE-LE EN RÉPONDANT À CE TEST, ET CROISE LES DOIGTS POUR NE PAS DÉCOUVRIR QUE TU ES ATTIRÉ PAR LES FORCES DU MAL !

1

UNE ARMÉE DE TROLLS RAVAGE LE PAYS, RÉDUISANT TOUS LES VILLAGES EN MIETTES. QUE FAIS-TU ?

a) Tu sautes dans l'action, saisis tous les Trolls d'une main et les envoies courir dans les prés.
b) Tu ravales ta salive et cours te cacher dans les fourrés. Quelqu'un d'autre viendra les sauver après tout ?
c) Tu trinques
à leur santé :
les villageois
sont condamnés !
CONDAMNÉS !

2

COMMENT DÉCRIRAIS-TU UNE JOURNÉE REPOSANTE ?

a) Quand on a déjà sauvé le monde trois fois avant l'heure du petit déjeuner. Et continuer à le faire avant le déjeuner, le goûter et le dîner.
b) Faire un tri de la bibliothèque des anciens Skylanders en les reclassant par ordre alphabétique.
c) Asservir l'univers entier ! Ouahhhh !

3

QUEL MOT DÉCRIT LE MIEUX EON ?

a) Grandiose !
b) Magnifique !
c) Eon ? Ce vieux loser pathétique ? Il pliera devant les Ténèbres !

4

QUE FERAIS-TU SI TU AVAIS TON PROPRE PORTAIL ?

a) Tu partirais pour d'incroyables aventures !
b) Tu foncerais en ville pour acheter un marque-page super branché.
c) Tu l'utiliserais pour répandre les Ténèbres à travers tout le cosmos.

5 QUAND TU SERAS PLUS GRAND, QU'AIMERAIS-TU ÊTRE ?

a) Brave et courageux !
b) Seul avec tes livres.
c) Tout puissant !

6 À QUOI PENSES-TU QUAND TU VOIS LE CŒUR DE LUMIÈRE ?

a) Je dois le protéger à tout prix.
b) Il pourrait être nettoyé. Où est mon chiffon ?
c) Détruisez-le ! DÉTRUISEZ-LE !!!

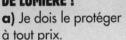

7 QUELLE EST TA COULEUR PRÉFÉRÉE ?

a) Rouge, c'est excitant !
b) Beige, c'est doux et rassurant.
c) Une couleur ? Quelle COULEUR ? Il n'y aura plus aucune couleur quand les Ténèbres auront envahi le pays !

8 QUE PENSES-TU DES CYCLOPES ?

a) Ce sont d'horribles esclaves au service du Mal !
b) Ne devrait-on pas dire Cyclopis ? Attendez, je vérifie !
c) Loyaux, esclaves fidèles du Mal ! Paix sur eux !

9 LE MAÎTRE MABU DEMANDE TON AIDE. LES MARCHEURS DE PIERRE PIÉTINENT LES LIEUX. QUE FAIS-TU ?

a) Tu fonces les réduire en morceaux.
b) Tu passes le message à Gill Grunt et Trigger Happy. Ça les regarde davantage après tout.
c) Tu aides les Marcheurs de Pierre en lançant le Clod Géant, en espérant des hordes de morts !

10 SPYRO EST...

a) Cool !
b) Plus courageux que toi.
c) Mon pire ennemi !

VERDICT !

Tu as une majorité de a : oui, tu as tout ce qu'il faut pour devenir un Skylander, voire même un Maître du Portail, comme Eon lui-même !

Tu as une majorité de b : tu es proche d'Hugo. Tu ne comprends juste pas pourquoi tu devrais te mettre en danger.

Tu as une majorité de c : Oh, non ! Tu es attiré par les Ténèbres ! En fait, ne serais-tu pas Kaos déguisé ?

LES SKYLANDS DE A À Z

UN VRAI MAÎTRE DU PORTAIL CONNAÎT CHAQUE RECOIN DES SKYLANDS. HUGO VA ICI TE TRANSMETTRE SA CONNAISSANCE APPRONFONDIE DE CE LIEU ET DE SON HISTOIRE. JUSTE UNE CHOSE : NE LE LAISSE PAS COMMENCER À PARLER DES MOUTONS...

A POUR ARBRES

Kaos, minuscule être obsédé par les Ténèbres, souffre d'une peur irrationnelle que les arbres complotent contre lui. C'est totalement ridicule. Dans l'ensemble, les arbres sont pacifiques et du genre aimant. Sauf ceux qui ne le sont pas bien sûr. C'est mieux de garder un œil sur eux !

B POUR BAMBAZOOKERS

Les étranges (et certains diront paisibles) habitants des forêts de bambou vivent toute leur vie sans bouger. Seul le Skylander Zook fit exception, car il eut finalement la bougeotte et partit explorer le monde.

C POUR CALI

C'est l'une des exploratrices les plus audacieuses des Skylands. Elle a découvert plus d'îles qu'il était sensé en exister. Elle ne craint pas le danger ni d'être capturée par ses ennemis, ce qui est préférable car ça semble assez courant. Ces jours-ci, on la trouve généralement en train d'entraîner les jeunes Skylanders dans les ruines de la Citadelle d'Eon.

D POUR DROW

Ce sont des Elfes du Mal, qui se sont écartés de la Lumière pour rejoindre les Ténèbres. Malgré leur allégeance à Kaos, comme tous les Elfes, les Drow conservent leur amour de la nature. Donc fais attention : s'ils te voient ne serait-ce que cueillir une modeste pâquerette, ils peuvent te lancer un regard démoniaque (voire plus !).

E POUR ÉLÉMENTS ANCIENS

En des temps anciens, les habitants les plus puissants des Skylands étaient les Éléments Anciens. Ces devins légendaires pouvaient tout à la fois maîtriser les techniques de l'ombre ou de la lumière, mais ils disparurent il y a des siècles. Les vieux manuscrits prédisent qu'ils reviendront un jour. La question est où... et quand ? OK, ça fait deux questions...

F POUR FLYNN

Le meilleur pilote de tous les Skylands, même Flynn le dit de lui. Parce qu'il l'est. Vraiment. En fait, écoute Flynn et tu apprendras plus de lui que tu le penserais possible. Comme il est généreux, charmant, irrésistible pour les femmes… et modeste !

G POUR GÉANTS

Nous avons trois informations importantes sur les Géants : 1/ C'était des Skylanders tout puissants qui parcouraient le pays il y a très longtemps ; 2/ Ils s'élevèrent contre les Anciens Arkeyans maudits et les enfermèrent dans des caves infinies ; 3/ Ils étaient géants.

H POUR HOB

Si ça n'a pas été cloué, ce voleur professionnel peut tout voler. En fait, même si ça a été cloué, il pourrait probablement s'écorcher pour le faire aussi.

I POUR INFINIS NUAGES

Il y a beaucoup de nuages dans les Skylands, qui s'étendent à perte de vue. Le Professeur P. Grungally me dit qu'un robot nommé Kal-Cul-A-Teur essaya un jour de les compter tous. Malheureusement, il s'embrouilla à 910 milliards et dut recommencer.

J POUR JOUEURS

Et oui ! Faire rentrer des moutons bêlants et peu fiables dans une bibliothèque, c'est drôle, n'est-ce pas ? Attends juste que je découvre quel Skylander est derrière tout ça (en fait, tu peux m'aider en trouvant le coupable de la page 56).

K COMME KAOS

L'ennemi juré d'Eon au pouvoir immense. Il a accru le pouvoir des Ténèbres, détruit le Cœur de Lumière et banni les Skylanders. Il ne faut surtout pas le sous-estimer.

L POUR LÉVIATHAN

À l'aide ! C'est un requin dans l'eau ? Tu préférerais, hein ? C'est plutôt un monstrueux Léviathan de 20 tonnes ! Sa gueule renferme 1672 dents aiguisées. Il peut te dévorer au petit déjeuner. Et pour le déjeuner, le goûter ou le dîner, ça marche aussi !

M COMME MAGES VOYOUS

Ils font le sale boulot. Ces monstres flottant librement maîtrisent la magie, mais n'utilisent jamais leurs pouvoirs pour faire le Bien. Au lieu de ça, ils ont mis leur pouvoir au service des Ténèbres. Personne ne sait à quoi ils ressemblent derrière leur capuche, mais beaucoup pensent que leurs têtes sont aussi pointues que leurs chapeaux.

N POUR NAUTELOID

Ces bêtes à bec pointu vivent sur les différentes plages des Skylands et n'apprécient pas trop les visiteurs. Si tu t'aventures trop près de leur cachette, elles sortent et se précipitent sur tes chevilles, ce qui peut totalement gâcher une belle journée à la plage. Mieux vaut les éviter.

O POUR OCCULOUS

Un géant, une chose désincarnée, qui s'est auto-proclamé roi des Fantômes. Une chose à savoir est qu'Occulous est incroyablement myope. Malheureusement, aucun de ses sujets n'est capable de faire des lunettes (ou même un monocle) assez grandes pour lui, donc le chef des Morts-Vivants ne cesse de se cogner et d'abîmer ses tentacules. Inutile de se demander la raison pour laquelle il est toujours grognon.

P POUR PERSÉPHONE

Cette courageuse petite fée tient un magasin de pouvoirs dans l'ombre des ruines du château d'Eon. Elle échange de l'argent contre de nouvelles capacités ou des pouvoirs supplémentaires. Personne ne sait pourquoi, mais tout Skylander qui améliore ses pouvoirs dans son magasin en sort également avec une merveilleuse haleine mentholée.

Q POUR QUIZ

Chaque année, Flynn organise un quiz sur lui. Il l'a toujours gagné, aussi loin que je me souvienne.

R POUR RHU-BARB

Il n'y a rien de succulent dans ces fous rouge écarlate d'une autre dimension. Les Mages Voyous adorent simplement les faire venir dans notre monde et les laisser se perdre. Surveille leurs bras tranchants : ils peuvent faire de grosses bêtises.

S COMME SIRÈNE

Pauvre vieux Gill Grunt. Le courageux et globuleux Gillman tomba un jour totalement amoureux d'une sirène des lagons brumeux. Leur romance fut interrompue quand d'hargneux pirates kidnappèrent la bien-aimée. Il continue encore aujourd'hui à la chercher. C'est si triste...

T COMME TEMPÊTES VIOLENTES

Quand d'incroyables tornades dévastatrices pourraient être évitées, d'autres plus petites sont très utiles pour faire la poussière… ou pour te débarrasser d'hideux moutons !

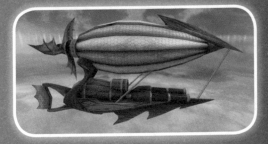

U COMME USINE DE LIMON

L'usine renferme la graisse spéciale qui fait fonctionner l'armure d'or ramassée dans l'entrepôt des Trolls. Mais attention, il faut d'abord tuer les Trolls de l'usine !

V COMME VEUVE LUNAIRE

Elle apparaît pour la première fois dans les Catacombes Grouillantes.

W COMME WHIRLWIND

Mi-licorne mi-dragon, Whirlwind libère sa puissance dans un arc-en-ciel aveuglant qui fait fuire le moindre Troll. Elle a pourtant le cœur pur, si si !

X POUR XYLOPHONE

C'est communément admis que les Mammouths Cyclopes énervés peuvent être endormis s'ils entendent l'hymne national du Château de l'Œil de Cristal joué par un xylophone. Malheureusement, le sortilège ne semble fonctionner que si le morceau est joué en entier. Comme l'hymne dure quarante-sept minutes et vingt-trois secondes, personne n'a réussi l'exploit de l'écouter sans s'enfuir. Dommage.

Y COMME YÉTI

Slam Bam est un yéti doté de quatre bras qui vivait seul sur un glacier flottant qui fut détruit par Kaos. En dérivant, il accosta sur l'île du Maître Eon : ce n'est pas de la chance, ça ?

Z POUR ZEPPELIN

De nombreux habitants des Skylands voyagent d'île en île dans des montgolfières, mais tous craignent de rencontrer le zeppelin de Drows excités. Pas seulement parce qu'ils sont armés, mais aussi parce qu'ils ne regardent jamais où ils vont. Garde l'œil ouvert !

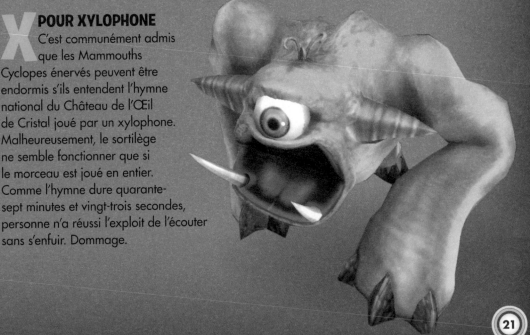

S'ÉCHAPPER DE DOOM !

OH NON ! KAOS T'A ENFERMÉ DANS SES DONGEONS MORTELS. JOUE AVEC TES AMIS À CE JEU POUR VOIR QUI PARVIENT À S'EN ÉCHAPPER !

34 POUSSÉ PAR LE SOUFFLE D'UN DJINNI, AVANCE DE 3 CASES.

35

36 TU BATS UN CHEVALIER NOIR. AVANCE DE 4 CASES.

37

38 MENAC PAR UN RHU-BAR RECULE 3 CASE

33

14 LA FLAMME DE LA TORCHE D'UN LUTIN TE BRÛLE LES FESSES. RECULE D'UNE CASE !

12 PORTE VERROUILLÉE. FAIS UN 4 POUR L'OUVRIR !

13

32 ATTAQUE D'UN ESSAIM DE FRELONS. RECULE DE 4 CASES !

11 PASSAGE SECRET : VA JUSQU'À LA CASE 30 !

1 DÉPART

31

30

10

29 ÉVITE DE JUSTESSE UN MAMMOUTH CYCLOPE. AVANCE DE 2 CASES.

9 TU SAUVES UN GROUPE DE MABUS. AVANCE DE 6 CASES.

8

INSTRUCTIONS
1. Place les pions sur la case n°1.
2. Lance le dé pour déterminer le joueur qui commence. Celui qui fait le plus grand chiffre commence (en cas d'égalité, recommencez).
3. Lancez le dé chacun à votre tour et bougez du chiffre indiqué sur le dé. Suivez ensuite les instructions précisées sur la case.
4. Le premier joueur à atteindre la case n°50 a gagné.

28

27 PRIS DANS UNE ÉNORME TOILE D'ARAIGNÉE. PASSE TON TOUR.

26

22

39
TU BANNIS UN MAGE VOYOU. AVANCE DE 2 CASES.

40

41

42
POURSUIVIS PAR UN MARCHEUR DE PIERRE. RECULE DE 2 CASES.

43

44
UN CRUNCHER BLOQUE LA ROUTE. PASSE TON TOUR.

16
TUNNEL BLOQUÉ PAR UN ÉCOULEMENT. PASSE UN TOUR.

17
RACCOURCI ! VA À LA CASE 41 !

18

45
TU BATS CAPITAINE DREADBEARD AUX CARTES. AVANCE DE 2 CASES.

5

19
EMBUSCADE DES TROLLS. RECULE DE 4 CASES.

46
UN MAGE VOYOU TE FAIT RECULER DE 3 CASES.

3
LES GARDES TROLLS T'ONT VU ! RETOURNE À LA CASE DÉPART.

4
TU BATS UN DROW GOLIATH. AVANCE DE 2 CASES !

20
CORRIDOR BLOQUÉ PAR UN MOUTON. FAIS UN 2 OU UN 4 POUR T'EN DÉBARRASSER

2

5
UN TANK TROLL TE ROULE SUR LE PIED. PASSE UN TOUR !

47

7
LES GNASHERS TE MORDENT LA CHEVILLE. RECULE D'UNE CASE.

6

21

48

22

49
KAOS TE CAPTURE ET TE FAIT RECULER DE 2 CASES.

25
NOURRIS LES ZOMBIES AFFAMÉS. AVANCE DE 5 CASES.

24

23
CACHÉ PAR UN ARCHER DROW. PASSE TON TOUR.

50
ENFIN LIBRE !

À LA RECHERCHE DES
SKYLANDERS

CONNAIS-TU BIEN LES SKYLANDERS ? RÉPONDS AUX QUESTIONS ET TROUVE LA RÉPONSE CACHÉE DANS LA GRILLE.

```
E V O Q H P T E V X S R D R Q T Q M F G R D W E X I N A D E
Y M A U N R R R T T R R G E P S O A K N U B A X R V M D O R
W P N M T E D I U T I X X D U T C B K T R T R Z C S S X U V
B G A Q P B N M S L V M B N R E Y H O Y Y U N O H C D G B H
Z Y T H V I P A L M O H X Y S A P R O R F G A I Y I L P L D
E Z V A X S O S X O B C H C B L P U T P D S D C A M O X E D
G R V D M R E H B Z Z R B I B T A T R A C X O W Q K B J T K
N V G A T R P C T V O K E Y I H H H O C L H M J E X E O R I
D N S S G B I U Y Z K O S A I E R E N U S K O O K Z R G O D
H H O E S N E D E R L U K I K L E X B Y M W T P D Y K A U V
O H A H O B T Y W M G L E F P F G Y L P T Y H M P Q O P B G
G N H S Y Q R O R C U G A Z M Z G W U J N R Z S W R C V L J
T L J V K N T U C Y M E S B B F I M F N U M F V T T Q C E M
D G D V E I W D X L Z U F S G R R K M Y R C F H J H K V Y L
O Q X J M F Q K A S Y H F Y Z N T W M J G E H K E I M I A B
R R Q S J Z Z C J U I U H I Z M I G L Y L W H A M S H E L L
X N G V D D O R G N I N T H G I L K O Y L L J Y B G R F A L
F L A M E S L I N G E R E P G S P P C R I I E A G S G L G U
X D O D D Q O S A J O O G S N W Y Z W E G L P R E H S Z W M
S P J K A T V H K L K S Y U Y W M N D N R D N I W L R I H W
K H B U Y C O M F H J K S F O I X B W Z J W T Y R Z C S N C
N N K G J K W O K S Y R M L D D B A U K W A O S F J L N G Q
I H U N Q F J A S D E E Y Y R G G N R C K J K L C A G A A G
I S R P N H V P F Z J D K F Q R R O T P U R E C M Q P Z Z I
Z D V Y L Y F D U Q R G E N K J E N N X F V N B G P V M V O
A V J M Q L X L I E J E H H E F U A M E T B A E Z V L F R M
L U O N T X E F O U K F M K R X Y U L F N M N X E X A W F E
E R C S H Q V P A B L A Y G F F Z G Z J W C Y B I H H V X C
E F R D J B A R S D S T Y H O A I B U A K O D N Q G L T N X
O K Y S H Y K O H O Z V T Q P H R K R H E N W J D I R S E D
```

1 Mi-dragon mi-plante, ce Skylander est né dans l'Arbre de Vie.

_ _ _ _

2 Guerrier Mort-Vivant, et ancien Arkeyan.

_ _ _ _ _ _ _ _

3 Sombre dragon passé des Ténèbres à la Lumière.

_ _ _ _ _ _

4 Lequel est-ce ? Ce sorcier peut créer des clones de lui-même.

_ _ _ _ _ _ _ _ _ _ _

5 Tank Arkeyan qui peut tout nettoyer sur son passage.

_ _ _ _ _ _ _ _ _ _ _ _ _

6 Très chic avec une armure robotique incroyable. Dragon connu sous le nom de :

_ _ _ _ _ _ _

7 Monstre de lave au tempérament fier.

_ _ _ _ _ _ _

8 Archer Elfe aux flèches enflammées.

_ _ _ _ _ _ _ _ _ _ _

9 Goule dévoreur de fantômes.

_ _ _ _ _ _ _ _ _ _ _

10 Ce Gillman est l'un des meilleurs amis de Spyro.

11 BRRRR... C'est la sorcière Mort-Vivante.

_ _ _ _

12 Le héros électrifiant du Royaume des Nuages.

_ _ _ _ _ _ _ _ _ _ _

13 Ne tente même pas de voler ses gemmes surpuissantes !

_ _ _ _ _ _ _ _ _ _

14 Yéti très doué pour sculpter la glace.

_ _ _ _ _ _ _ _

15 Bouche tes oreilles ! Voilà le griffon au cri assourdissant !

_ _ _ _ _ _ _ _

16 Têtu et courageux, ce dragon pourpre est le chouchou de tous !

_ _ _ _ _ _

17 Observe bien cet Elfe armé de dents de dragon mortelles !

_ _ _ _ _ _ _ _ _ _

18 Arbre magique qui adore abattre ses marteaux.

_ _ _ _ _ _ _ _ _ _ _

19 Bandit armé sans peur, qui adore l'or.

_ _ _ _ _ _ _ _ _ _ _ _

20 Tortue dansante qui vous fait tourner en bourrique.

_ _ _ _ _ _ _ _

21 Crustacé brandissant une masse magique.

_ _ _ _ _ _ _ _ _

22 Descendant d'un dragon et d'une licorne.

23 Larve à la langue énorme.

_ _ _ _ _ _ _ _ _ _ _ _

24 Dragon d'eau recueilli par un groupe d'anguilles électriques.

_ _ _

25 Ne te mets pas sur la route du bazooka de ce Bambazooker.

LES SECRETS DES ARKEYANS

LONGTEMPS AVANT LES SKYLANDERS, UN PEUPLE LÉGENDAIRE GOUVERNAIT LES SKYLANDS. ILS PARTIRENT, MAIS LEUR PATRIMOINE DEMEURA. C'EST TOUT CE QU'IL NOUS RESTE DE CES MYSTÉRIEUX ARKEYANS.

DES ORIGINES SECRÈTES

Les véritables origines des Arkeyans se sont perdues dans les limbes du temps, ce que chacun peut admettre aisément. Tout ce que nous savons est qu'ils commencèrent à s'intéresser à la Magie et à la Technologie pour créer de nouvelles machines incroyables… mais, comme souvent, ils allèrent trop loin.

LES ROBOTS DÉFENSEURS DES ARKEYANS POSSÉDAIENT UN POUVOIR MAGIQUE !

HÉLICOPTÈRES ARKEYANS PATROUILLANT DANS LE CIEL DE L'EMPIRE.

L'ASCENSION D'ARKUS

Leur quête de savoir se transforma en quête de pouvoir. Mené par le roi Arkeyan, qui brandissait son poing de fer connu sous le nom de « Poignée de fer d'Arkus », l'empire Arkeyan se répandit comme une traînée de poudre.

DES MACHINES MONSTRUEUSES

Les Arkeyans construisirent de terribles machines de guerre. On raconte aussi qu'ils créèrent un appareil pour réussir parfaitement les œufs à la coque !

LES ROBOTS

Les chefs décadents de l'armée Arkeyane se prélassaient dans la Cité royale d'Arkus pendant que les robots faisaient tout le travail, comme oppresser les peuples, fabriquer des armes ou faire les travaux ménagers.

LE CHEF DES ARMÉES ARKEYANES FAIT L'OBJET D'UN CULTE PARTICULIER, ET N'ACCEPTE PAS QU'ON LUI DISE NON.

LA CHUTE D'ARKUS

Un peuple héroïque de Géants aurait éliminé les Arkeyans. Dans une bataille mémorable, ils firent en sorte d'enfermer un bataillon d'élite de robots Arkeyans dans une vallée. (Malheureusement, la recette de parfaits œufs à la coque avec un jaune coulant s'envola avec eux.)

LES AUTOMATES ARKEYANS POSSÉDAIENT DES POINTES TOURNOYANT SUR LEURS MAINS.

FINIR LE TRAVAIL

Les forces Arkeyanes affaiblies, les Géants s'en vinrent trouver le roi et coupèrent son poing de fer, ce qui le détruisit et désactiva de nombreux robots Arkeyans qui se mirent à errer dans les Skylands. Mais les Géants payèrent un lourd tribut pour cet acte de bravoure : ils furent chassés des Skylands et arrivèrent sur Terre, où ils demeurent depuis 10 000 ans.

UN SABLEUR ARKEYAN

Les sableurs Arkeyans peuvent tout réduire en mille morceaux. Les piles ne sont pas comprises !

FOREUSE D'URGENCE

Le Skylander Drill Sergeant fut l'une des nombreuses créations Arkeyanes qui resta dans les profondeurs de la terre : mais tout changea lorsqu'il fut découvert par Terrafin !

BATAILLE D'OMBRES !

1

2

3

Avant d'être un Skylander, Chop Chop appartenait aux gardes d'élite Arkeyans. Quelle ombre correspond parfaitement à ce guerrier Mort-Vivant ?

SUPER FORT !

SKYLANDS

AS-TU BEAUCOUP APPRIS SUR LES MONDES MERVEILLEUX DES SKYLANDS JUSQU'ICI ? TESTE TES CONNAISSANCES GRÂCE À CES MOTS CROISÉS. SI TU COINCES, TU PEUX TROUVER LES RÉPONSES SUR D'AUTRES PAGES DE CE LIVRE.

Horizontalement

1. Drôles de petites créatures qui vivent dans l'enceinte des Skylands.

3. Dragonne pourpre au rictus de Mort-Vivant.

5. Incroyable vaisseau rempli d'armes piloté par les Drows et les Pirates.

8. Stump Smash déteste ce type de petit voyou vert.

10. L'ultime puissance démoniaque.

11. Un petit Maître du Portail attiré par les Ténèbres.

13. Acolyte d'Eon, qui déteste la réponse 16 Verticalement.

18. Source du pouvoir mystique qui laisse 10 Horizontalement à distance.

19. Pilote attiré par les combats à l'épée.

Verticalement

2. Légendaire peuple ancien qui gouverna les Skylands.

4. Feu, Eau, Terre, Air, Vie, Mort-Vivant, Magie, Technologie.

6. La jolie fée qui donne aux Skylanders des pouvoirs supplémentaires.

7. Quelqu'un capable d'utiliser le 15 Verticalement pour les transporter à travers les Skylands.

9. L'un des plus grands aventuriers des Skylands. Participe à l'entraînement des Skylanders.

12. Le plus grand Maître du Portail.

14. Petit Troll maigre, adepte de Kaos.

15. Permet de sauter d'un endroit à un autre.

16. Créature couverte de laine, haïe par 13 Horizontalement.

17. Monstre puant doté d'un seul œil.

20. Royaume arboré où naquit Camo.

NATURE CRUELLE

OBSERVE BIEN CES BÊTES, INSECTES ET AUTRES CROQUE-MITAINES QUE L'ON TROUVE DANS LES SKYLANDS.

FRELON DE MAÏS

Caractéristiques notables : rayures jaunes et noires, mauvaises piqûres.
Habitat : clairière touffue de l'Arbre de Vie.
Faits : les Cyclopes adorent manger des Frelons de maïs, surtout sur des toasts !
Conseil de survie : appliquer de la chair de banane sur la zone atteinte par une piqûre.

DIABLOTIN DE FEU

Caractéristiques notables : peau jaune, cornes, oreilles pointues.
Habitat : les usines d'armes des Trolls.
Faits : ce lutin peut stocker des explosifs dans son propre corps, et on ne veut pas savoir où !
Conseil de survie : Les Diablotins de feu ne peuvent pas voir la couleur marron, donc peins-toi dans cette couleur de la tête aux pieds !

GARGANTULA

Caractéristiques notables : six pattes poilues, yeux perçants rouges, crochets acérés.
Habitat : n'importe quel lieu froid et sombre.
Faits : Hugo trouva un jour un Gargantula dans son bain. Il n'osa plus aller se laver pendant des années à la suite de ça.
Conseil de survie : si tu bats un Gargantula, des milliers d'araignées s'échappent alors de son corps. Beurk !

GÉNIE DE LA BAUDRUCHE

Caractéristiques notables : corps blanc et flasque, au visage très laid.
Habitat : le haut des montagnes, les Royaumes des Nuages, et partout en hauteur.
Faits : les Génies de la baudruche sentent la barbapapa.
Conseil de survie : ils peuvent d'un coup t'envoyer à des kilomètres. Accroche-toi à quelque chose de lourd… tel un éléphant !

MARCHEUR DE FEU

Caractéristiques notables : large bouche pleine de dents, longue queue sur la tête.
Habitat : là où il fait chaud et humide.
Faits : les Marcheurs de feu sont les lutins les plus stupides. Ils essaient parfois de manger leurs propres pieds, et ne s'arrêtent que parce que leur bouche prend ainsi feu.
Conseil de survie : si tu t'approches trop, tu seras brûlé par leur queue brûlante.

DÉMON DES SOUCHES

Caractéristiques notables : regard terrifiant, pire que son écorce.
Habitat : riches forêts et cryptes profondes.
Faits : les Démons des souches peuvent vivre des milliers et des milliers d'années. (en espérant qu'ils surveillent leur ligne !)
Conseil de survie : le meilleur moyen de survivre à une attaque de Démon des souches est d'abord de les éviter.

VRAI OU FAUX

C'EST L'HEURE DE TESTER TES CONNAISSANCES SUR LES SKYLANDS ET LEURS CHAMPIONS, JEUNE MAÎTRE DU PORTAIL. CI-DESSOUS SONT PRÉSENTÉS 20 FAITS INCROYABLES SUR NOTRE ROYAUME MAGIQUE. LE HIC, C'EST QUE CERTAINS ÉVÉNEMENTS SONT FAUX. À TOI DE TROUVER CEUX QUI SONT EXACTS ET CEUX QUI NE LE SONT PAS.

1 Hugo a une peur irrationnelle des moutons. En fait, ils le mettent dans une terreur absolue. Il pense qu'ils projettent de détruire le monde.
☐ **VRAI** ☐ **FAUX**

2 Les Gillmen sont les meilleurs chanteurs de tous les Skylands.
☐ **VRAI** ☐ **FAUX**

3 Un peuple connu pour avoir été des Ancêtres Bienveillants et qui ont été les premiers à se libérer des Ténèbres.
☐ **VRAI** ☐ **FAUX**

4 Les Cyclopes sont des créatures gentilles, à l'odeur agréable.
☐ **VRAI** ☐ **FAUX**

5 Si tu as assez d'or, tu peux acheter le droit de te faire appeler Maître du Portail.
☐ **VRAI** ☐ **FAUX**

6 Quand Kaos détruisit le Cœur de Lumière, Spyro et les Skylanders furent transformés en petites statues.
☐ **VRAI** ☐ **FAUX**

7 Les Portails magiques peuvent également être utilisés pour voyager dans le temps.
☐ **VRAI** ☐ **FAUX**

8 Les Arkeyans ont créé le Cœur de Lumière.
☐ **VRAI** ☐ **FAUX**

9 Le vrai nom de Ghost Roaster est Olav.
☐ **VRAI** ☐ **FAUX**

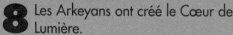

10 Flynn est irrésistible pour les femmes.
☐ **VRAI** ☐ **FAUX**

11 Les Géants, contrairement à ce que laisse penser leur nom, sont très petits.
☐ **VRAI** ☐ **FAUX**

12 Les Trolls ont un jour spécial chaque année, au cours duquel ils promettent de ne rien détruire.
☐ **VRAI** ☐ **FAUX**

13 Les créatures de lave comme Eruptor restent calmes en toute situation.
☐ **VRAI** ☐ **FAUX**

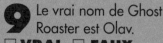

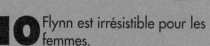
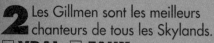

14 Camo a une fois fait exploser un melon dans la figure d'Eon.
☐ **VRAI**
☐ **FAUX**

15 Kaos adore les arbres.
☐ **VRAI** ☐ **FAUX**

16 On n'a jamais vu les Tortues géantes marcher.
☐ **VRAI** ☐ **FAUX**

17 Les Morts-Vivants détestent les tartes.
☐ **VRAI** ☐ **FAUX**

18 Les bottes magiques de Flameslinger lui ont été offertes par un Goblin.
☐ **VRAI** ☐ **FAUX**

19 Si Spyro passe trop de temps en présence de magie noire, il devient Dark Spyro.
☐ **VRAI**
☐ **FAUX**

20 Lightning Rod considère n'importe quel habitant des Skylands comme féminin – spécialement les filles.
☐ **VRAI** ☐ **FAUX**

SOLUTIONS

1. Vrai. Même la vue d'un pull en laine suffit à le faire défaillir.

2. Faux. Les Gillmen aiment chanter, mais ça ressemble à des gargouillis de phacochère.

3. Vrai. Leurs folles expériences avec la magie ont laissé entrer les Ténèbres.

4. Faux. Ils sont radins, égoïstes et dégagent une odeur pire que les vieilles bottes de Kaos.

5. Faux. C'est un talent avec lequel on naît. Ce qui signifie que tu es extrêmement chanceux !

6. Vrai. Pas seulement ça, mais il les a également bannis de la Terre.

7. Vrai. Bien que personne n'ait tenté un voyage dans le temps depuis des siècles. Ou c'est ce que nous croyons.

8. Faux. Ce sont eux qui essayèrent de le réparer pour le remettre à sa place première.

9. Vrai. C'était le meilleur chef de tous les Skylands.

10. Faux. Ne lui dites surtout pas !

11. Faux. Ils sont géants !

12. Vrai. Tu peux dire quel jour ça tombe, mais ils font des mines très tristes.

13. Faux. Tu rigoles, n'est-ce pas ? Ils sont capables de couper leur tête à tout moment.

14. Vrai. Mais Eon s'en fichait et fit rapidement de lui un Skylander.

15. Faux. Il reste suspicieux envers eux car ils sont au-dessus de tout.

16. Vrai. Les Tortues géantes des Skylands ne bougent que si elles sont malencontreusement poussées par un passant.

17. Faux. Ils en raffolent !

18. Faux. Elles lui furent données par un esprit de feu qu'il sauva de la noyade.

19. Vrai. Il utilise la magie noire pour combattre le Mal, mais prend toujours le risque d'être brûlé dans les Enfers.

20. Vrai. Mais peu sont assez courageux pour venir en débattre avec lui !

Le Lagon de la Malchance

Comme le suggère son nom, le Lagon de la Chance est l'un des endroits les plus chanceux des Skylands. C'est un paradis tropical où rien de mal n'arrive jamais. C'est pourquoi Gill Grunt fut surpris de recevoir le SOS d'un vieil ami, Gurglefin.

« Viens vite, criait-il. Tout va mal. » Gurglefin ne plaisantait pas. La plage normalement immaculée était recouverte de déchets et de branches de palmier.

« Oh ! Grâce au ciel, tu es là ! dit Gurglefin, en courant vers Gill Grunt. À la dernière minute, le pauvre vieux Gurglefin trébucha et tomba la tête la première. Gill l'aida à se relever. Merci, murmura Gurglefin, en enlevant le sable de ses écailles. Je dois me déplacer sur ce scarabée.

- Sur ce scarabée ? dit Gill, en regardant l'insecte. Il n'était pas plus grand qu'une coccinelle.

- C'est un peu haut par ici, répondit Gurglefin, mais Gill ne l'entendit pas. Il venait de glisser sur une peau de banane et se retrouva sur les fesses dans un craquement douloureux.

- Pas de chance, commenta Gurglefin, en aidant Gill à se relever, particulièrement parce qu'aucun bananier ne pousse dans le Lagon de la Chance.

- Je ne comprends pas, admit Gill, en se remettant tout seul sur pieds. Pour quelle raison cet endroit est-il devenu si malchanceux ?

- C'est justement pour ça que je t'ai demandé de l'aide, expliqua Gurglefin.

Les choses sont ainsi depuis plusieurs semaines maintenant.

Rien ne va dans le bon sens. D'abord, tous les miroirs de l'île se

sont brisés, puis les arbres ont commencé à tomber sans raison.

Comme si ce n'était pas encore assez, une effrayante tempête a

amené tous ces détritus des Grandes Montages Poubelles.

- Mais elles sont à plus de 5 000 kilomètres d'ici !

- C'est ce que je disais : pas de chance… L'île a en plus vu

soudainement surgir un volcan qui entre maintenant en éruption

toutes les 15 minutes. »

Le sol se mit à trembler sous leurs pieds et un Gill

inquiet observa la montagne qui se tenait devant eux.

La fumée commençait déjà à s'échapper du cratère.

« Une nouvelle éruption va se produire dans quelques

minutes.

- Ça n'a aucun sens, dit Gill, en se grattant l'aileron.

Le Lagon de la Chance est le lieu le plus chanceux

que l'on connaisse.

- Il ne l'est plus, corrigea Gurglefin, plus depuis que ce

nuage a fait son apparition dans le ciel. Le malheureux

Gillman pointa son doigt vers le ciel. Effectivement, un énorme

nuage en forme de chat noir s'étirait à travers le soleil.

- Un mystérieux nuage… pensa Gill. Recule Gurglefin.

- Pourquoi ? Que vas-tu faire ?

Gill saisit le canon à eau qui était à ses pieds et pressa la détente.

La puissance du jet d'eau propulsa Gill dans les airs.

- Je vais rendre visite à un vieil ami, cria-t-il, tirant toujours plus près du nuage. Il tenta vigoureusement de se propulser et finit par tomber dans l'enceinte d'une tannière cachée.

- Kaos ! Je le savais !

Bien entendu, le ténébreux Maître du Portail se tenait assis sur un trône pendant que Glumshanks travaillait à un équipement scientifique très compliqué qui s'étalait sur le mur.

- Ce n'est pas un vrai nuage ! dit Gill, fixant Kaos. Qu'as-tu encore manigancé, le chauve ?

- Moi ! fit Kaos dans un large sourire, ravi d'avoir l'occasion de se vanter, rien du tout. Je veux juste être le plus grand génie du Mal de tous les temps ! Il ouvrit grand ses bras.

- Ça, Skylander maladroit, c'est le couronnement de ma gloire. Mon aimant aspireur de joie a ôté du Lagon de la Chance toute trace de bonne fortune.

- Mais que va-t-il advenir du Lagon ? demanda Gill perplexe.

- Tout a été transféré dans cet élégant bracelet porte-bonheur ! Kaos montra le pendentif aux couleurs criardes qu'il portait à son cou. Tant que je le porterai, je serai le plus chanceux Maître du Portail vivant. Personne ne pourra m'arrêter ! »

Les yeux de Gill observaient la pièce, tentant de trouver un moyen de battre le Maître du Portail. Finalement, il dirigea simplement son canon vers le visage de Kaos.

- Nous verrons bien ! cria-t-il. Un jet d'eau jaillit du canon, mais n'atteint pas Kaos. Au contraire, il rugit au-dessus de sa tête, claquant sur le mur, derrière le trône.

- Tu m'as manqué ! se réjouit Kaos. Quelle malchance !

Un sourire envahit le visage de Gill.

- Je ne te visais pas !

Les yeux de Kaos tombèrent sur le bouton rouge situé sur le mur que Gill venait d'asperger. Au-dessus du bouton se trouvait un cadran sur lequel étaient écrits deux mots : « Bien » et « Mal ». Pendant qu'ils les regardaient, la flèche pivota pour pointer le mot Mal.

- Non ! hurla Kaos. Tu as modifié la polarité de mon aimant ! Il a englouti la malchance !

Le faux nuage vascilla en aspirant la malchance qui avait envahi l'île. Les clapets éclatèrent et les sirènes hurlèrent, pendant que la vapeur jaillissait des machines. Furieux, Kaos s'époumona sur Gill, trébucha, et tomba lourdement. Il écrasa sa main sur la console de contrôle, appuyant ainsi accidentellement sur le gros bouton d'arrêt.

« Regarde bien, hurla Glumshanks, c'est le mécanisme d'auto-destruction. »

Sur la plage, Gurglefin vit le nuage exploser soudainement en une boule de flammes. Alors qu'il se prélassait au soleil, il frémit en voyant trois formes tomber. Le premier à venir frapper le sol fut Glumshanks, suivi par Kaos lui-même, qui heurta le sol dans un hurlement de douleur. Quelques instants plus tard, Gill atterrit sur la tête des deux vaincus.

- Merci pour cet atterrissage en douceur, dit-il, en faisant un clin d'œil à Gurglefin. Quel coup de chance !

FIN

QUELLES DIFFÉRENCES ?

UN MAÎTRE DU PORTAIL DOIT TOUJOURS GARDER LES YEUX OUVERTS. LAISSER PASSER LES PLUS PETITS DÉTAILS PEUT FAIRE TOUTE LA DIFFÉRENCE AU COURS D'UNE MISSION. FAIS CE TEST POUR SAVOIR SI TU SAIS BIEN OBSERVER.

A   B   C   D

TA MISSION

OBSERVE CES DEUX IMAGES. TU CROIS QU'ELLES SONT IDENTIQUES ? REGARDE BIEN. EON A FAIT EN SORTE QU'IL Y AIT UNE DIFFÉRENCE DANS CHAQUE CARRÉ SAUF UN.

À TOI DE TROUVER LEQUEL.

Le carré qui est exactement le même est le carré :

A   B   C   D

36

Cher Oncle Hugo

JE SUIS TRÈS EXCITÉ. ON M'A DEMANDÉ D'ÉCRIRE UNE COLONNE DANS LE JOURNAL LOCAL : LA COMÈTE DES SKYLANDS. ÇA PEUT AIDER BEAUCOUP DE GENS APPAREMMENT. SURTOUT NE LE DIS PAS À EON !

Cher Oncle Hugo,
Je souffre d'une maladie extrêmement embarrassante. Depuis mon dernier anniversaire, j'ai commencé à sentir très bon. Maintenant, mes amis se moquent de moi et me donnent des surnoms dans mon dos. Que puis-je faire ?
Un anxieux Cyclope anonyme

Cher Cyclope anonyme,
Je te suggère de te rouler dans un champ jonché de bouses de vache ou de te rouler dans un bain de poissons en décomposition. Tu devrais recommencer à sentir aussi mauvais qu'avant.

Cher Oncle Hugo,
Ce n'est pas Kaos. Mais à chaque fois que je... je veux dire que Kaos essaie de détruire les Skylands, ces misérables Skylanders déjouent mes plans géniaux... je veux dire les plans de Kaos. Ne réalisent-ils donc pas comme c'est agaçant ?
Pas Kaos

Cher Kaos,
As-tu pensé à partir pour un long voyage ? Quelque part très très très loin des Skylands... pour ne jamais revenir ? Vas-y, fais-le, pars !

Cher Oncle Hugo,
J'ai un problème : je suis trop beau. Où que j'aille, d'adorables femmes se jettent à mes pieds et me vouent un amour éternel. Le problème est que je ne peux être partout !
Votre humble Flynn

Cher Flynn,
Désolé, je ne peux rien faire pour toi.

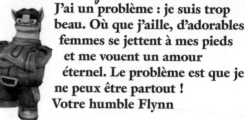

Cher Oncle Hugo,
J'ai remarqué que les gens semblent parfois effrayés en me voyant. Je ne comprends pas pourquoi. Peux-tu m'aider ?
Avec plein d'amour, Trigger Happy.

Cher Trigger Happy,
Pourquoi diriges-tu ce pistolet vers moi ? À l'aide !

Cher Oncle Hugo,
Mon assistant semble passer son temps à répondre à des questions pour son fameux article. Dois-je chercher un nouvel assistant ?
Ton chef : Eon !

Cher Maître Eon,
Je suis désolé, je viens de ranger la bibliothèque. Peut-être n'était-ce pas une bonne idée après tout...

TOUR DE VOLANT !

REGARDE LES SKYLANDERS QUI ENTOURENT LA PISTE.
PEUX-TU PLACER LEUR NOM DANS LES ESPACES ET TROUVER
QUEL SKYLANDER N'A PAS D'ESPACE DISPONIBLE ?

W
H
A
M
S
H
E
L
L

S

L

M

N

T

P

H

O

A

RÉPONSE :

Le guide de l'attaque pirate

de Gill Grunt

Yo ho ! Sais-tu ce qu'il faut faire
si la voile d'un bateau pirate est en vue ?
Gill Grunt est là pour t'aider !

**Connaître son ennemi
et être plus futé que lui !**

Capitaine Dreadbeard

Le pirate le plus vilain de toutes les mers est le
Capitaine Dreadboard. Sa seule faiblesse est sa
passion pour les jeux de cartes. Ses jeux
préférés sont la Bataille de pantalons, les
Bottes d'Oscar et la Vieille Sirène.
Si tu le bats, il te laissera partir.

Dents de
démon

Sabre super-tranchant

Crochet
de démon

Chaussures
de démon

Effroyables
crocs

Poils épais

Pirate chien de mer

Ce chien idiot ne pense à rien d'autre
qu'à un butin. Il passe sa vie entière à
chercher un trésor, uniquement pour
l'enterrer à nouveau. Ta meilleure chance
est de faire rapidement une fausse carte
au trésor et de le lancer à sa recherche.

Boucanier

La pire chose à propos de ce misérable radin
c'est qu'il sent constamment le chien mouillé.
Oh, et aussi sa manie d'avoir toujours avec lui un
véritable canon. Essaie de placer
un mouton dans son canon,
pendant qu'il fait sa
sieste de midi.

Énorme
canon

Pieuvrillon

Ces mollusques menaçants ne sont pas uniquement intéressés par les trésors. Ils veulent gouverner les océans ! Heureusement, les livres de cuisine sur les fruits de mer les effraient. Tu dois toujours en avoir un sur toi, avec un marque-page sur la recette des calamars frits.

Yeux globuleux

Mortier mollusque

Le savais-tu ?
Les pirates organisent tous les ans un concours de chants de marin, mais il finit toujours en bagarre, donc personne n'a à ce jour déjà gagné.

Ancre en vue !

Brute à face de pieuvre

La véritable force d'un bateau pirate ! Si fort qu'il peut utiliser la pointe de son ancre comme une hache ! Le mieux est de l'éviter, et si ce n'est pas possible, prendre ses jambes à son cou et espérer que son ancre s'enlise dans la boue.

Étranges yeux glaçants

Muscles surgonflés

Bouteille à la mer !

Gill a découvert un secret concernant le Capitaine Dreadbeard. Remets ces syllabes dans l'ordre pour le connaître.

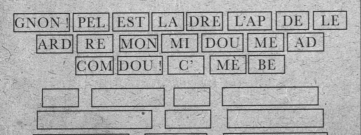

GNON !	PEL	EST	LA	DRE	L'AP	DE	LE
ARD	RE	MON	MI	DOU	ME	AD
COM	DOU !	C'	MÈ	BE

ÉVITE LES CHOMPIES !

L'ARBRE DE VIE A ÉTÉ ENVAHI PAR LES CHOMPIES. GUIDE STEALTH ELF DANS CE LABYRINTHE SANS FONCER SUR LES CHOMPIES.

LE SAVAIS-TU ?
QUAND UN CHOMPIE TE MORD, CE N'EST PAS PARCE QU'IL VEUT TE MANGER, MAIS JUSTE POUR TE MONTRER QU'IL FAIT ATTENTION À TOI, COMME C'EST MIGNON !

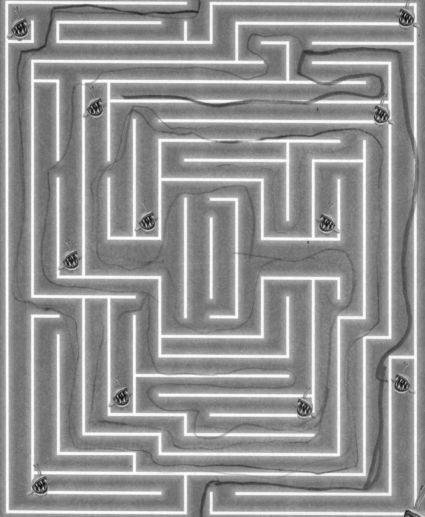

SORTIE

CASSEUR DE CODE

AIDE WHAM-SHELL À DÉCODER CE MESSAGE SECRET.
IL RENFERME DES INFORMATIONS ESSENTIELLES SUR KAOS !
QUAND TU L'AURAS TROUVÉ, POURQUOI NE PAS UTILISER CE CODE
POUR ENVOYER DES MESSAGES SECRETS À TON MAÎTRE DU PORTAIL ?

A	B	C	D	E	F	G	H	I	J	K	L	M
18			14			7				13		

N	O	P	Q	R	S	T	U	V	W	X	Y	Z
22	15			20	11						1	

13	18	15	20		17	20	11		8	17	11	25	11	,	6	7	18	19	16	17

17	11		20	17	22	11		11	24	17	20		3	18	19	16	18	25	20

25	8		16	17	19	11		14	17	11	24	19	25	24	17		8	17	20

20	13	1	8	18	22	14	20	.

CONSEILS

CHAQUE CASE BLANCHE A UN CHIFFRE AU DESSUS. REMPLIS LA CASE AVEC LA LETTRE QUI CORRESPOND AU CHIFFRE. POUR T'AIDER À DÉMARRER, CERTAINES CORRESPONDANCES SONT DÉJÀ INDIQUÉES.

Besoin d'aide pour craquer le code ?

Cherche les mots de deux lettres.
Il y a probablement « et » ou « il ».
La lettre la plus fréquemment utilisée en français est la lettre « E ».

43

QUE DISENT-ILS ?

KAOS A JETÉ UN SORT QUI MÉLANGE LES VOIX DES SKYLANDERS.
PEUX-TU RELIER CHAQUE SKYLANDER À SON CRI DE GUERRE ?

OBSERVATION

As-tu une bonne mémoire ? Observe
cette image pendant une minute
et ensuite tourne la page…

LE TEMPS DES QUESTIONS

DE QUOI TE SOUVIENS-TU ?
RÉPONDS À CES QUESTIONS SANS TRICHER !

1 **QUEL SKYLANDER AS-TU VU ?**

A) ZAP **B)** TERRAFIN **C)** FLAMESLINGER **D)** CHOP CHOP **E)** WARNADO

2 **COMBIEN DE PIÈCES AS-TU COMPTÉ ?**

A) 3 **B)** 5 **C)** 8 **D)** 10 **E)** 12

3 **DE QUELLE COULEUR ÉTAIENT LES GEMMES SUR LA TÊTE DU DRAGON ?**

A) ROUGES **B)** BLEUES **C)** VERTES **D)** NOIRES **E)** VIOLETTES

4 **COMBIEN DE VOILES A LE BATEAU PIRATE ?**

A) 5 **B)** 4 **C)** 3 **D)** 2 **E)** 1

5 **QUEL SYMBOLE SE TROUVAIT SUR LA VOILE PRINCIPALE ?**

A   B   C   D   E

6 **QUELLES SINISTRES CRÉATURES SE BATTENT À L'ÉPÉE ?**

A) DES VAMPIRES **B)** DES ZOMBIES **C)** DES SQUELETTES **D)** DES TROLLS **E)** DES LOUPS-GAROUS

7 **QUELLE COULEUR N'EST PAS PRÉSENTE SUR LES ÉPÉES ?**

A) LE ROUGE **B)** LE BLEU **C)** LE JAUNE

46

LE GUIDE DES TROLLS
DE STUMP SMASH

7 BONNES RAISONS DE LES DÉTESTER

1 ILS ONT DÉTRUIT SA MAISON.

Stump Smash vivait dans un arbre magique, passant ses journées à profiter de la chaleur du soleil. Un jour, il découvrit en se réveillant que la forêt entière avait été rasée pendant son sommeil. Un bûcheron Troll avait abattu sa famille entière pour alimenter les fourneaux Trolls.

2 ILS ONT OSÉ L'ÉLAGUER.

Les Trolls n'ont pas seulement coupé sa forêt adorée, ils ont également coupé ses branches, en le laissant avec deux énormes souches en guise de mains, souches qui deviennent de gigantesques marteaux qui l'aident maintenant à assouvir sa vengeance.

3 ILS SENTENT ENCORE PLUS MAUVAIS QUE KAOS.

C'est dire !

4 CE SONT DE VÉRITABLES TYRANS.

Les Trolls ont constitué une armée dès qu'ils ont su marcher, peut-être même plus tôt. Ensuite, ils ont passé leur vie à envahir tous les pays présents sur la carte. Oh ! Ils ont aussi développé des armes gigantesques !

5 ILS TENTENT TOUJOURS DE PASSER GILL GRUNT AU BARBECUE.

Il y a deux chemins pour atteindre le cœur d'un Troll. Le premier passe par un habile plan de bataille. L'autre passe par l'estomac. Les Trolls sont capables d'avaler n'importe quoi, mais sont particulièrement friants de Gillmen grillés.

6 ILS ÉCRIVENT D'ÉPOUVANTABLES POÈMES.

Les sujets habituels des sonnets Trolls sont : les choses qui explosent, les fils de fer barbelés, les vieux ongles rouillés, les chars de combat et, plus surprenant, les concombres.

7 ILS FONT EXPLOSER TOUT CE QUI BOUGE ET MÊME CE QUI NE BOUGE PAS FORCÉMENT !

Stump apprécie une bonne sieste, mais c'est impossible avec des Trolls autour. Ces voyous verts ont appris comment miner un champ dès le jardin d'enfants et se détendent en jonglant avec des grenades ou en jouant avec des explosifs. Il n'y a qu'un seul jour dans l'année au cours duquel les Trolls ne font rien exploser : ce jour-là, ils font tout brûler !

JEU DE DÉ

PARFOIS, LES SKYLANDERS TENTENT LEUR CHANCE AU COURS DE COMBATS CONTRE LES TÉNÈBRES. LANCE LE DÉ ET VOIS CE QUE TU FERAIS DANS DE TELLES SITUATIONS. LE CHIFFRE DÉCIDE DE CE QUI DOIT ARRIVER.

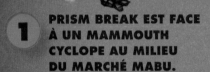

2 DINO-RANG S'EST FAIT PIÉGER PAR UN GROUPE DE TROLLS DANS LA FORÊT DE LA PEUR.

Il les envoie tous balader à l'aide de son boomerang.

Les Trolls le rendent fou en le frappant avec le bout de leur fusil.

Ils font l'erreur de l'appeler dragon : du coup, il leur montre ce qu'un dinosaure en colère peut faire !

Un mécano Troll le frappe avec sa clé à molette.
RETOUR AU CHÂTEAU D'EON !

Il libère une charge de pierres volcaniques.
LES TROLLS N'ONT AUCUNE CHANCE.

Ils le ligotent et lui infligent d'écouter leurs poèmes guerriers. **TORTURE !**

1 PRISM BREAK EST FACE À UN MAMMOUTH CYCLOPE AU MILIEU DU MARCHÉ MABU.

Prism Break détruit le monstre d'une boule de feu.
BOOOMMM !!!

Le Mammouth abat Prism Break sous la force de ses poings.
OUCH!

Il l'enferme dans une prison.
PAS D'ÉCHAPPATOIRE POUR CETTE CRÉATURE !

L'odeur pestilentielle de la fourrure de cette bête fait défaillir Prism Break.

L'armure en cristal de Prism Break le protège des attaques.

Le Cyclope donne un grand coup de tête dans le derrière de Prism Break.
WAAH!

3 TRIGGER HAPPY SAUTE SUR UN PORTAIL SANS REGARDER.

Il se retrouve face à des Écureuils Zombies baveux. DINGUE !

Il arrive dans une galerie dans laquelle on peut tirer sur tout. LE PARADIS !

Il tombe au fond des chaussettes malodorantes de Kaos. BOUCHE TON NEZ !

Il découvre une réserve secrète de lingots d'or. L'ADDITION !

Il écrase les potirons de concours d'Eon sur des pancakes. LE MAÎTRE NE SERA PAS CONTENT !

Il atterrit sur les dunes de glace multi-fruits du Désert des Desserts. GOÛTE SES LÈVRES !

4 TERRAFIN REÇOIT UN CADEAU D'ANNIVERSAIRE SURPRISE. IL L'OUVRE ET DÉCOUVRE :

Un gâteau de sardine et de thon ! C'EST L'HEURE DE MANGER !

Un autre horrible pull-over ! ÇA GRATTE !

Une paire d'articulations flambant neuves de Bash ! SUPER !

Un mini-Portail qui l'emmène jusqu'au dongeon de Kaos ! C'EST UN PIÈGE !

Une année de dentifrice spécial requin. MMMMM !

Un ticket gratuit pour le concert de Gill Gunt. NOOOOOOOOONNNN !

5 SPYRO EST ENCERCLÉ PAR DES FANTÔMES DANS UN CIMETIÈRE HANTÉ.

Spyro devient gluant avec un ectoplasme collant. DÉGOÛTANT !

Il fonce sur les Fantômes, les effraie au point de les faire sortir de leurs chaussettes spectrales.

Les Fantômes le ficèlent avec leurs chaînes métalliques.

Ghost Roaster apparaît et gobe les goules !

Juste au moment où il pensait que rien ne pouvait être pire, des Zombies surgissent de leur tombe ! À L'AIDE !

Son souffle brûlant enflamme les vêtements des Fantômes. EFFRAYANT !

Disparition de voix

Spyro prit une profonde inspiration. Tous les regards étaient tournés vers lui alors qu'il se tenait sur le quai dans l'ombre de la Citadelle d'Eon. Un silence feutré s'abattit sur la foule rassemblée quand il ouvrit la bouche et prononça trois mots :

« C'est parti ! »

La foule se mit à hurler et à applaudir. Eruptor était si excité qu'il projeta une mare de lave sur Trigger Happy, mais le plus tranchant tireur des Skylands s'en moquait. C'était maintenant une impressionnante bataille de hurlements. Personne ne pouvait en faire autant. C'était le grand concours annuel de cris de guerre des Skylanders. Chaque année, les Skylanders se réunissaient pour élire le Skylander capable d'émettre le cri de guerre le plus fort. L'année précédente, Sonic Boom avait remporté le concours. Elle avait crié « Hurle au vent ! » si fort que toutes les fenêtres de la Citadelle s'étaient brisées en même temps. Tout comme les lunettes d'Hugo ! Cette année, ça ne pouvait pas lui arriver : il avait emballé ses binocles dans de la laine pour les protéger. Le problème était qu'il ne pouvait plus rien voir.

« Bravo à Spyro, dit le petit Mabu alors qu'il remontait sur scène pour annoncer le prochain participant. « Argh ! » cria-t-il en tombant de la scène car il avait pris un mauvais chemin. Aucune importance. Sunburn savait qu'il était le prochain sur la liste et sauta sur le podium, bombant fièrement ses plumes aux couleurs vives. Il remplit ses poumons d'air et hurla le plus haut que sa voix le lui permettait.

Mais aucun son ne sortit. Pas même un murmure. Sunburn essaya à nouveau. Toujours rien. Il était totalement muet.

Dans la foule, Trigger Happy se tourna vers Eruptor pour savoir ce qu'il se passait, et constata qu'il n'avait plus de voix non plus. En fait, c'en était de même pour Eruptor et Spyro. Que se passait-il ? C'était comme si quelque chose, ou quelqu'un, avait volé leurs voix…

… quelqu'un qui observait la confusion des Skylanders, caché derrière un buisson. Souriant à lui-même, Kaos fit sauter le bouchon d'une bouteille poussiéreuse.

« Le sortilège a-t-il marché ? demanda-t-il à Glumshanks à travers les feuillages. A-t-il marché ? éructa-t-il. Mon brillant sortilège a volé les voix de ces Skylanders stupides et criards, en les enfermant dans cette bouteille. Dans le vieux et mystérieux décanteur de silence, yes !

Kaos brandissait la bouteille de telle façon que Glumshanks pouvait voir d'infimes lumières danser à travers le verre, une pour chaque Skylander. Ils sont condamnés au silence. Condamnés, te dis-je !

- Pas besoin de hurler, pensa Glumshanks, bien qu'il n'eût jamais imaginé formuler cela à haute voix. Il préféra se concentrer sur le plan. Donc, pendant que les Skylanders se demandent ce qui arrive à leurs cordes vocales, nous nous glissons dans le Cœur de Lumière pour leur mettre des bâtons dans les roues, ok ?

- Pas simplement des bâtons, ricana Kaos, quelque chose qui dévastera tout !

D'un geste théâtral, il sortit de sa manche une chaussette puante, projetant vers Glumshanks une odeur pestilentielle.

- Ma vieille chaussette va boucher le mécanisme, le Cœur de Lumière va s'arrêter et les Ténèbres vont envahir les Skylands !

À cet instant, Sunburn regardait désespérément au-dessus de la foule. Tout le monde criait, ou tout du moins essayait de crier. C'est alors qu'il se mit à sentir une drôle d'odeur, une odeur louche… D'où provenait-elle ? Il huma à nouveau l'air et suivit l'odeur, qui l'amena jusqu'à deux petites créatures qui se déplaçaient furtivement vers le Cœur de Lumière. Kaos et Glumshanks ! Ils devaient forcément être derrière tout ça.

Sunburn tenta d'attirer l'attention de ses amis Skylanders, mais ne put émettre un son. C'était inutile.

Il n'y avait qu'une chose à faire. Battant des ailes, Sunburn s'envola. Ses ailes s'embrasèrent instantanément.

Spyro leva les yeux. Quelque chose brûlait-il ? Ses yeux s'écarquillèrent lorsqu'il vit Sunburn. Le dragon sillonnait le ciel, laissant une traînée de feu sur sa route. Une traînée qui dessinait les mots « Atttention ! C'est Kaos ! »

Sunburn piqua alors vers le sol, dessinant une flèche en direction… de Kaos lui-même.

« Non ! hurla Kaos à la vue des Skylanders fonçant sur lui et son pauvre complice. Il est temps de partir, Glumshanks ! »

Le démoniaque Maître du Portail fit un tour sur lui-même et se retrouva bloqué par Sunburn, qui atterrit alors

devant lui. Il leva ses bras en l'air, lançant tout à la fois le décanteur de silence et sa chaussette puante… et ce qui est lancé doit redescendre. La chaussette atterrit sur le visage de Glumshanks, et la bouteille se brisa en mille morceaux sur le sol.

Les voix volées se répandirent dans l'air avant de retrouver leurs véritables propriétaires. Sunburn avala difficilement les petites lumières qui se ruèrent dans sa bouche.

« Wahou ! Qu'est-ce que c'était ? dit-il les yeux écarquillés. Sa voix était revenue ! Un sourire fit son apparition. Carbonise plus vite que son ombre ! lança-t-il, en envoyant son véritable cri de guerre au visage de Kaos. Le Maître du Portail vaincu se mit à japper tout en faisant craquer ses doigts. Il y eut un éclair de lumière et il disparut, emportant un Glumshanks baillonné avec lui.

« Bon travail, Sunburn ! cria Spyro. C'était le cri de guerre le plus tonitruant !

- En effet, rit Hugo, alors qu'il se dirigeait vers lui avec le trophée. Je déclare Sunburn champion ! Tous les Skylanders portèrent un toast. Le bruit fut si assourdissant que les lunettes d'Hugo se brisèrent instantanément.

- Pas encore ! gémit-il plaintivement.

FIN

LES NAGEOIRES DE GURGLEFIN

MAINTENANT QUE LE LAGON DE LA CHANCE EST REDEVENU NORMAL, GURGLEFIN EST REDEVENU LUI-MÊME, CE QUI SIGNIFIE QU'IL N'EST PAS TRÈS AMUSANT. IL AIME JUSTE FAIRE PARTAGER SES HORRIBLES BLAGUES. CLASSE CHACUNE DE CES BLAGUES SUR LE RIROMÈTRE.

Quel poisson ne fête pas son anniversaire ?
LE POISSON PANÉ !

Pourquoi ne voit-on pas de crabes en prison ?
PARCE QU'ILS NE SE FONT JAMAIS PINCER !

Comment certains poissons appellent-ils leurs grands parents ?
LEURS GRANDS-HARENGS.

Pourquoi les poissons ont-ils des nageoires ?
CAR ILS N'ONT PAS DE PIEDS.

Qu'est-ce qu'il ne faut jamais faire devant un poisson-scie ?
LA PLANCHE !

Quel est le fruit détesté par les poissons ?
LA PÊCHE

Où se retrouvent les thons sportifs ?
DANS UNE MARE À THONS (MARATHON !)

Quelles sont les histoires préférées des sirènes ?
CELLES QUI S'ACHÈVENT EN QUEUE DE POISSON !

Pourquoi les poissons sont-ils susceptibles ?
PARCE QU'ILS PRENNENT LA MOUCHE.

Pourquoi jette-t-on ses sous dans la mer ?
POUR FAIRE DES SOUS-MARINS.

ARTICULONS

Essaie de dire rapidement 5 fois :

CE POISSON POISSEUX A LA POISSE.

MAÎTRE EON

INTERVIEW EXCLUSIVE !

EON, LE PLUS CÉLÈBRE MAÎTRE DU PORTAIL PARLE AVEC HUGO DE LA VIE, DES BARBES TOUFFUES ET DES TOMATES GÉANTES...

Hugo : Merci de prendre du temps sur votre journée chargée pour nous parler, Maître Eon.
Eon : De rien. Tout ce qui peut aider les nouveaux Maîtres du Portail est utile.

Hugo : Avez-vous toujours voulu être un Maître du Portail ?
Eon : On ne décide pas de devenir un Maître du Portail. L'univers décide pour nous. Dans mon cas, tout a commencé quand j'étais l'humble serviteur du célèbre Maître Nattybumpo.

H : Comment était Nattybumpo ?
E : C'était un homme très sage. Et très grand aussi. Comme ses tartes. Il avait également la barbe la plus grande, la plus touffue et la plus rouge que je n'ai jamais vue. Elle était si grande que les oiseaux aimaient s'y poser au printemps. Il tirait tous les jours dessus après le petit déjeuner.

H : Vous a-t-il entraîné à devenir un Maître du Portail,
E : Pas au début. Je ne faisais que récurer ses plats. Comme il raffolait des tartes, il y avait toujours quelque chose à laver. Je travaillais dure, et un jour, je devais avoir 8 ans, il me demanda si je pouvais nettoyer son Portail of Power. C'était un véritable honneur.

H : Et que se passa-t-il ?
E : Au moment où je pris mon torchon pour le faire, le Portail s'activa et envoya Nattybumpo au milieu des mers. Je ne sais qui fut le plus surpris, lui ou moi. Il tenait juste deux casseroles dans les mains et portait ses charentaises. Ça a dû être un sacré choc pour les requins qui nageaient autour.

H : Etait-il en colère ?
E : Pas le vieux Nattybumpo. Il vit l'aspect amusant de tout ça, bien qu'il eût les chaussures remplies de sable. Je le ramenai et il commença alors mon entraînement. Je ne suis jamais revenu en arrière.

H : Ce fut la leçon la plus importante pour l'élève Maître du Portail que vous étiez ?
E : Regarder avant de sauter ? Pour ne pas s'emmener soi-même, ou ses Skylanders, vers le danger. Oh, et s'assurer d'être assez entraîné avant de laisser qui que ce soit toucher à son Portail. Juste au cas où.

H : Que feriez-vous si vous n'étiez pas Maître du Portail ?
E : Je ferais pousser des légumes de concours. De très grands légumes. Des tomates de la taille d'un mouton, ce genre de choses.

H : S'il-vous-plaît, ne parlez pas de moutons.
E : Excepté de l'énorme qui se tient derrière vous en brandissant une énorme épée ?

H : Quoi ?????
E : Je plaisantais ! J'adore blaguer. Je ne m'en lasse pas.

H : Hmmm, très drôle.

QUI A FAIT ÇA ?

C'EST LE MOMENT DE DEVENIR DÉTECTIVE. QUELQU'UN A (ACCIDENTELLEMENT, J'EN SUIS SÛR) FAIT ENTRER UN TROUPEAU DE MOUTONS DANS LA BIBLIOTHÈQUE D'HUGO. RÉPONDS À CES QUESTIONS POUR DÉCOUVRIR LE COUPABLE PARMI LES 10 SKYLANDERS SUSPECTÉS.

IL Y A 10 SUSPECTS. LIS ATTENTIVEMENT LES INDICES DANS L'ORDRE. CHACUN D'ENTRE EUX DOIT T'AIDER À ÉLIMINER UN SKYLANDER. QUAND TU SERAS SÛR DE CEUX QUI N'ONT RIEN FAIT, FAIS UNE CROIX DANS LA CASE CORRESPONDANT À CHAQUE SKYLANDER. CELUI QUI N'AURA PAS SA CASE COCHÉE SERA LE COUPABLE.

INDICE 1

Le coupable n'a pas d'ailes. Élimine tous ceux qui en ont !

INDICE 2

Des témoins disent que le coupable n'a pas les yeux verts. Cela t'aide-t-il ?

INDICE 3

Il n'y a pas d'odeur persistante de fumée provenant de la bibliothèque, donc aucun élément de Feu n'est impliqué. Tu peux les éliminer.

INDICE 4

Le jour où c'est arrivé, Slam Bam était attendu pour un concours de sculptures de glace à l'autre bout des Skylands, donc il n'a pas pu le faire.

INDICE 5

Les empreintes sur le sol montrent que le coupable marche sur deux pattes. Élimine ceux pour qui ce n'est pas le cas.

INDICE 6

Quelques cheveux rouges ont été retrouvés autour des moutons, donc le coupable doit avoir les cheveux rouges !

ALORS, QUI A MIS LES MOUTONS DANS LA BIBLIOTHÈQUE ?

AS-TU ÉLIMINÉ DE LA LISTE TOUS LES INNOCENTS ? RESTE-T-IL SEULEMENT UN SUSPECT ? REPORTE-TOI À LA PAGE 62 POUR VÉRIFIER TA RÉPONSE.

A

B

C

D

E

F

G

H

I

J

TEMPÊTE DE CRÂNES !

HEX A PROVOQUÉ UNE TEMPÊTE DE CRÂNES. PEUX-TU TROUVER LES 7 CRÂNES QUI SONT DIFFÉRENTS DES AUTRES ?

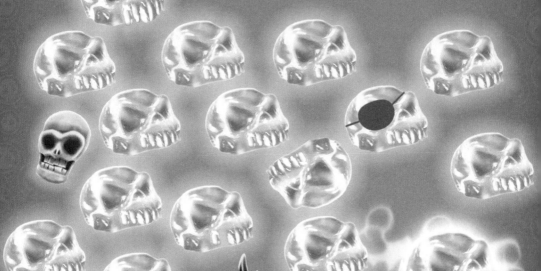

LE SAVAIS-TU ?

De nombreux habitants des Skylands se méfient de Hex et la suspectent d'utiliser ses dons de magie au service du Mal. Eon et ses amis Skylanders pensent différemment : elle est une alliée en qui on peut avoir totalement confiance !

UN JOUR DANS LA VIE DE...

Lightning Rod!

ENTRE 7 ET 8 HEURES

Petit déjeuner : 400 œufs sur des toasts. Journaux remplis de mes exploits. Apparemment, ai sauvé le Royaume des Nuages 827 fois cette année. Tout le monde a besoin d'une passion.

ENTRE 9 ET 13 HEURES

Jeux des tempêtes approchent. Ai passé la matinée à m'entraîner pour l'épreuve du lancer d'éclairs. Ai réussi à faire plus de 1 000 mètres et ai même électrocuté Eruptor à trois reprises ! Oups...

ENTRE 13 ET 14 HEURES

Déjeuner léger. Ai mangé 15 vaches, huit sangliers et deux chevaux. Encore un petit creux. Mangerais bien un petit lama pour décupler mes forces.

ENTRE 14 ET 15 HEURES

Ai fait les magasins pour trouver un nouveau nuage. Le précédent avait réduit au lavage. Ai remarqué qu'une nouvelle statue de moi trône sur la place du centre ville. N'ont pas fait mon nez droit. L'ai fixé avec un petit boulon.

ENTRE 15 ET 16 HEURES

Entraînement de l'après-midi interrompu par Kaos. Cette poule mouillée a essayé de détruire les Skylands. Encore une fois. L'ai envoyé promener, mais ai laissé les autres Skylanders m'aider. Ne peux pas toujours récolter la gloire.

ENTRE 16 ET 17 HEURES

Ai lu mes mails de fans. Courrier si important qu'il a fallu 14 postiers pour le porter.

ENTRE 17 ET 19 HEURES

Pause dans l'entraînement à l'heure du thé. Me suis confronté à d'autres concurrents au stade. Ils sont vraiment coquins. Spécialement les filles.

ENTRE 19 ET 20 HEURES

L'heure du thé. Trois moutons ne seront sûrement pas suffisants.

ENTRE 20 ET 23 HEURES

Me suis lové dans mon nuage pour me détendre en lisant mon livre préféré, écrit par moi bien sûr. Toujours agréable.

23 HEURES

L'heure du repas. Comme si j'en avais besoin !

TEST FINAL !

BIEN, JEUNE MAÎTRE DU PORTAIL, TU ARRIVES PRESQUE À LA FIN
DE TON ENTRAÎNEMENT. C'EST L'HEURE DE DÉCOUVRIR TOUT CE
QUE TU AS APPRIS. FAIS NOTRE TEST GÉANT POUR SAVOIR SI TU AS
RÉUSSI ! TU TROUVERAS LES RÉPONSES PAGE 63. BONNE CHANCE !

1. QUELLE EST LA SOURCE
DE TOUS LES MAUX ?
   a) la Morosité **b)** les Ténèbres
   c) Tout ce qui est glauque.

2. QUEL EST LE NOM DU MAJORDOME
DE KAOS ?
   a) Glumshanks **b)** Misérableshanks
   c) Tristeshanks

3. COMBIEN D'ÉLÉMENTS CONSTITUENT
LE CŒUR DE LUMIÈRE ?
   a) Sept **b)** Huit **c)** Neuf

4. QUELLE EST LA DESTINATION DE
VACANCES PRÉFÉRÉE DES SKYLANDERS ?
   a) la plage de Blistering **b)** Le Désert
des Desserts **c)** la Cité royale d'Arkus

5. QUELLE SORTE DE CRÉATURE
EST SANDYFUZZ ?
   a) un Drow **b)** un Molekin **c)** un Mabu

7. QUI A KIDNAPPÉ LA PETITE AMIE
SIRÈNE DE GILL GRUNT ?
   a) des Trolls **b)** des pirates
   c) des moutons

8. QUEL EST LE NOM DU BOULANGER
QUI PERSUADA LES MORTS-VIVANTS
DE MANGER DES TARTES À LA PLACE
DES GENS ?
   a) Pummelson **b)** Clobberson
   c) Batterson

9. QUI EST-CE ?
   a) Flynn
   b) Cali
   c) Hugo

6. QUEL DRAGON EST À MOITIÉ PLANTE ?

a) Spyro   **b)** Whirlwind   **c)** Camo

10. COMMENT S'APPELAIT LA CAPITALE DE L'EMPIRE ARKEYAN ?

a) La Cité royale d'Archon **b)** La Cité royale d'Archie **c)** La Cité royale d'Arkus

11. QUEL SKYLANDER N'A PAS ÉTÉ CRÉÉ PAR LES ARKEYANS ?

a) Drill Sergeant
b) Drobot
c) Chop Chop

12. QUI EST-CE ?

a) Diablotin de feu
b) Marcheur de feu
c) Diablotin de terre

13. QUEL EST LE LIEU LE PLUS CHANCEUX DES SKYLANDS ?

a) La Forêt de la bonne fortune
b) La Cité de la Chance
c) Le Lagon de la Chance

14. POUR QUELLE RAISON GURGLEFIN EST-IL TOMBÉ PAR TERRE ?

a) Il a marché sur une coccinelle.
b) Il portait une nouvelle paire de rollers.
c) Le sol était recouvert de glace.

19. QU'EST-CE QUI EMPÊCHAIT LES SKYLANDERS D'ÉMETTRE UN SON ?

a) Ils avaient tous froids.
b) Kaos avait volé leurs voix.
c) Ils avaient promis de ne pas parler.

15. QUE SIGNIFIE « AHOY » POUR LES PIRATES ?

a) Bonjour ! **b)** Au revoir !
c) Va-t-en !

20. EON ÉTAIT L'APPRENTI DE QUEL MAÎTRE DU PORTAIL ?

a) Smartpantso b) Tidyboilo
c) Nattybumpo

16. QUEL NOM PORTE UN PIRATE TRES VILAIN, QUI A DÉJÀ PARCOURU 7024 MERS ?

a) Capitaine Fearbread
b) Capitaine Dreadbeard
c) Capitaine Anxietybeard

RÉSULTATS

Entre 0 et 4 bonnes réponses
Hmmmm… As-tu vraiment été attentif ? Je te suggère de reprendre tout depuis le début.

Entre 5 et 15 bonnes réponses
Bien ! Tu as bien appris. Tu es dans la bonne direction pour devenir un grand Maître du Portail.

Entre 16 et 20 bonnes réponses
Brillant ! Tu es un véritable Maître du Portail, qui pourrait rivaliser avec Eon lui-même !

17. LES TROLLS PROMETTENT DE FAIRE QUELQUE CHOSE DE SPÉCIAL UNIQUEMENT UN JOUR DANS L'ANNÉE. QU'EST-CE ?

a) Faire exploser des choses
b) Caliner un mouton
c) Tricoter un pull-over

18. QUEL SKYLANDER A REMPORTÉ LE CONCOURS DE CRI DE GUERRE DE L'ANNÉE DERNIÈRE ?

a) Camo **b)** Sonic Boom
c) Wrecking Ball

RÉPONSES

PAGES 24-25

1. CAMO
2. CHOP CHOP
3. CYNDER
4. DOUBLE TROUBLE
5. DRILL SERGEANT
6. DROBOT
7. ERUPTOR
8. FLAMESLINGER
9. GHOST ROASTER
10. GILL GRUNT
11. HEX
12. LIGHTNING ROD
13. PRISM BREAK
14. SLAM BAM
15. SONIC BOOM
16. SPYRO
17. STEALTH ELF
18. STUMP SMASH
19. TRIGGER HAPPY
20. WARNADO
21. WHAM SHELL
22. WHIRLWIND
23. WRECKING BALL
24. ZAP
25. ZOOK

PAGE 27 COMBAT D'OMBRES

L'ombre 3.

PAGE 28 SUPER FORT

Horizontalement
1. Diablotins
3. Cynder
5. Zeppelin

10. Ténèbres
11. Kaos
13. Hugo
18. Cœur de Lumière
19. Flynn

Verticalement
2. Arkeyans
4. Éléments
6. Persephone
7. Maître du Portail
8. Troll
9. Cali
12. Eon
14. Glumshanks
15. Portail
16. Mouton
17. Cyclope
20. Arbre de Vie

PAGE 36 TROUVE LA DIFFÉRENCE

Le carré qui est identique est le carré 3C.

PAGES 38-39 TOUR DE VOLANT

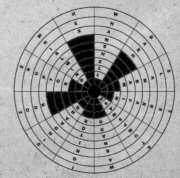

Le Skylander manquant est Prism Break.

PAGE 41 BOUTEILLE À LA MER !

Le message est : *La mère de Dreadbeard l'appelle mon Doudou ! Comme c'est mignon !*

PAGE 43 CASSEUR DE CODE

Le message est : Kaos est petit, chauve et sent très mauvais. Il veut détruire les Skylands.

PAGE 44 QUE DISENT-ILS ?

SPYRO

TOUT FEU TOUT FLAMME !

TRIGGER HAPPY

UNE GACHETTE EN OR !

STEALTH ELF

DANGEREUSEMENT SILENCIEUSE

BASH

ROULE MA POULE !

PRISM BREAK

LES RAYONS, C'EST CANON !

SONIC BOOM

HURLE AU VENT !

DOUBLE TROUBLE

JE LOUCHE OU C'EST LOUCHE ?

GILL GRUNT

LA POIGNE DU POISSON

PAGES 45-46 OBSERVATION

1. A
2. D
3. B
4. D
5. C
6. C
7. A

PAGE 56 QUI A FAIT ÇA ?

Le coupable est Trigger Happy.

PAGES 60-61 TEST FINAL

1. B
2. A
3. B
4. A
5. C
6. C
7. B
8. C
9. A
10. C
11. B
12. A
13. C
14. A
15. A
16. B
17. A
18. B
19. B
20. C

hachette s'engage pour
l'environnement en réduisant
l'empreinte carbone de ses livres.
Celle de cet exemplaire est de :
300 g éq. CO₂
Rendez-vous sur
www.hachette-durable.fr

PAPIER À BASE DE
FIBRES CERTIFIÉES